CYFRES SBEIC AC ERAILL

MARI
YN Y GWERSYLL

Lisa Jên Davies

UNED IAITH GENEDLAETHOL CYMRU
CBAC

Mari yn y Gwersyll

Argraffiad cyntaf Hydref 1999

Cyhoeddwyd gan Uned Iaith Genedlaethol Cymru, Cyd-bwyllgor Addysg Cymru,
245 Rhodfa'r Gorllewin, Caerdydd CF5 2YX.

Mae Uned Iaith Genedlaethol Cymru yn rhan o WJEC CBAC Limited, elusen gofrestredig a chwmni a gyfyngir gan warant ac a reolir gan awdurdodau unedol Cymru.

ISBN 1 86085 369 2

Argraffwyd gan Wasg Gomer, Llandysul, Ceredigion SA44 4QL

P'nawn dydd Mawrth yn ysgol Pen-y-Bryn ac roedd Blwyddyn 6 yn siarad am y trip i'r gwersyll.
Roedd pawb yn edrych ymlaen, pawb ond Mari!
Beth wyt ti'n hoffi yn y gwersyll, Mari?
Dw i'n edrych ymlaen at y pwll nofio.
Dw i'n edrych ymlaen at y rhwyfo.
Dw i'n edrych ymlaen at y parti yn y stafell wely!
Doedd Mari ddim yn edrych ymlaen! Roedd hi'n swil ac yn nerfus.
Ym-m-m, wn i ddim.

Gyda'r nos, roedd Mari'n pacio...
Wedi gorffen!
siwt nofio, gogls, tywel mawr, tywel bach, bag ymolchi, 2 siwmper gynnes, jîns, treinyrs
...ac wedyn, ysgrifennodd hi ei dyddiadur.
Arian poced i ti, Mari.
Waw, diolch Dad!
DYDD MAWRTH, MAI 8
–wedi bod yn y dref ar ôl yr ysgol. Mam yn prynu treinyrs newydd i fi.

Roedd Sam, brawd Mari, yn hoffi pryfocio!
Wel, wel. Mari fach ni yn mynd i'r gwersyll.
Dim pryfocio, Sam!
Wrth gwrs, Dad. Dim problem. Dyma fy sach gysgu i ti, Mari.
Mae Sam yn O.K. weithiau! O diar! Dw i ddim eisiau mynd i'r gwersyll.

Roedd y plant yn hapus ac yn canu ar y bws.
Roedd Tom yn hoffi pryfocio Mari.
Hei, Mari, mae ysbryd yn y gwersyll. Mae hi'n cerdded o gwmpas yn y nos yn gwisgo clogyn mawr du - Y LADI DDU. Wa-a-a!!
Paid â siarad dwli Tom! Wyt ti'n iawn, Mari?
Ydw, Miss Lloyd. Mae Tom yn siarad dwli bob amser.

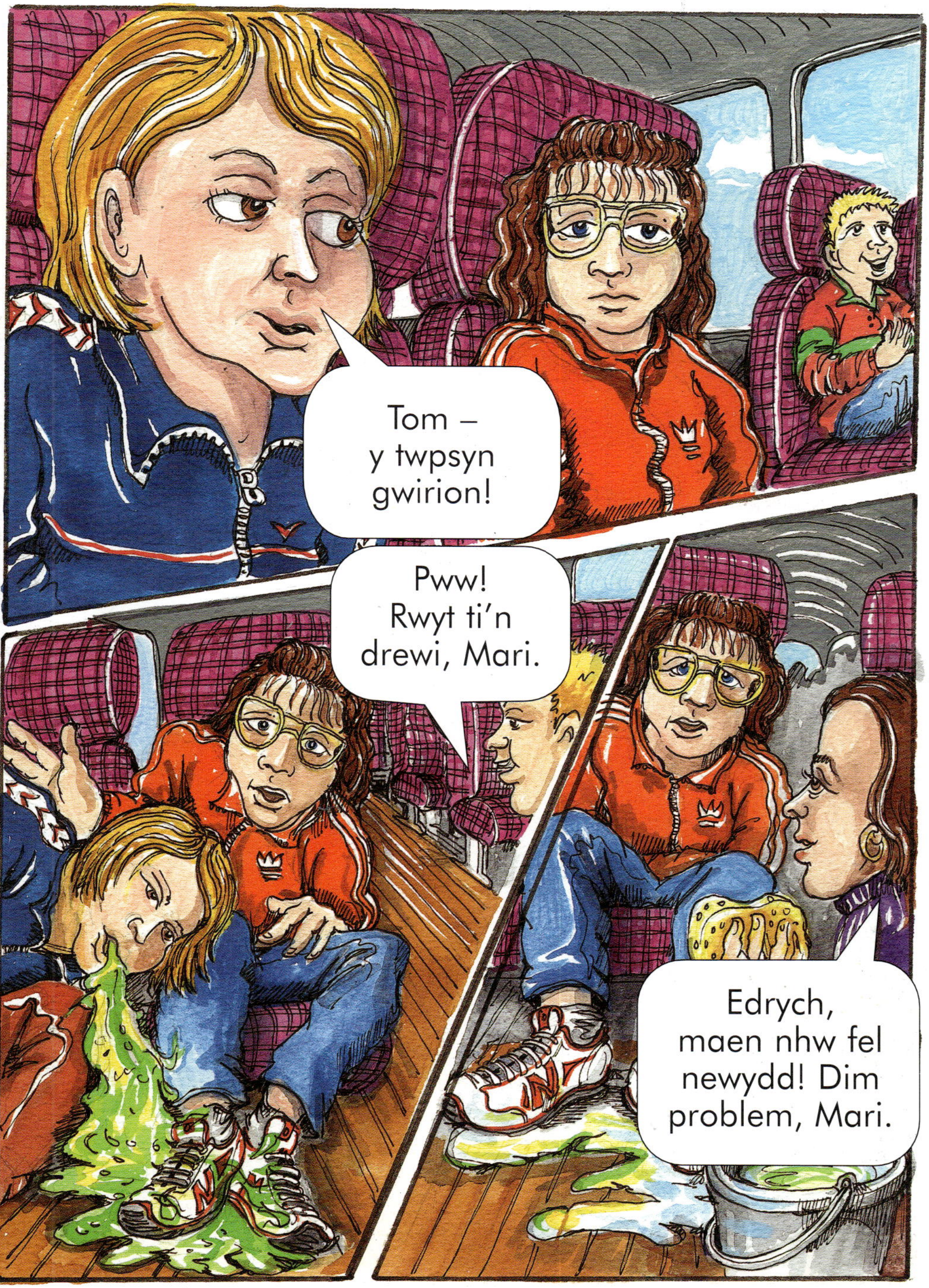
Tom – y twpsyn gwirion!
Pww! Rwyt ti'n drewi, Mari.
Edrych, maen nhw fel newydd! Dim problem, Mari.

Roedd y trip ar y bws yn hir.
Roedd Miss Lloyd eisiau i'r plant fynd ar daith gerdded cyn swper.
Dewch blant, dyn ni'n mynd ar daith gerdded cyn swper.
Ydy pawb yn gwisgo dillad iawn? Mae'n edrych fel glaw.
Hei Mari, rwyt ti'n gwisgo cot goch!
Ac mae tarw yn y cae.
O na! Mr Williams, oes tarw yn y cae yma?
Nac oes, wrth gwrs does dim tarw yma.
Wyt ti'n gwrando, Jac?
Ych a fi! Baw buwch.
Pw-ww. Rwyt ti'n drewi! Ha-ha-ha!

Wyt ti'n iawn, Mari?
Ydw, mae sach gysgu Sam yn grêt.
DYDD MERCHER, MAI 9
Diwrnod ofnadwy! Trip mega hir ar y bws a Lara'n taflu i fyny (Pww!). Ac wedyn cerdded yn y glaw. Ych a fi! Roeddwn i'n socian. Syrthiodd Jac i'r baw buwch. Roedd o'n crio, dw i'n meddwl. Tom yn pryfocio pawb. Beth sy'n newydd?
Beth ydy'r sŵn yna?
Ysbryd! Mae ysbryd wrth y drws! Wa-a-a-!
Y Ladi Ddu - u - u yn dod i'ch nôl chi - i - i!

Beth sy'n bod, Tom?
Y - y, mynd i'r toiled, Miss Lloyd.
Brysia, ac yn ôl i'r gwely. Dim nonsens Rwyt ti'n niwsans, Tom Davies.
Tom yn gwneud sŵn ysbryd wrth y drws. Roedd o'n cael row iawn! (ha, ha, bril). Mae sach gysgu Sam yn gynnes. Lara a fi yn bwyta bisgedi (iym, iym!). Ond dw i'n nerfus nawr. Dw i ddim yn hoffi'r stafell yma a DW I DDIM YN HOFFI TOM!

Roedd hi'n amser brecwast ac roedd ciw yn aros wrth y cownter.

Ar ôl brecwast, dyn ni'n mynd ar y llyn. Cofiwch, dillad cynnes. Mae hi'n oer ac yn wyntog.
Cofiwch, mae rhaid gwisgo siaced achub ar y llyn.
Mae'r rhwyf yma'n drwm!
Dyn ni'n mynd o gwmpas mewn cylch!
Helô, ferched. Dych chi eisiau help, dw i'n meddwl.
Rwyt ti'n siglo'r cwch.
Bydd yn ofalus Tom!
Paid, paid Tom! O na!
Help! Mae'r dŵr ma'n oer!

Os wyt ti'n actio fel twpsyn unwaith eto, rwyt ti'n mynd adre, Tom Davies!
Ydw i'n cael mynd adre, Mr Williams?
Dim lwc, Mari!
Paid â siarad dwli, Mari
Ar ôl rhwyfo, roedd y plant yn mynd i abseilio.
Wyt ti'n mynd i ddringo'r wal, Lara?
Nac ydw wir, dw i ddim eisiau taflu i fyny eto!
Dere, Mari. Mae'n grêt!

Na, Mr Williams, WIR. Dw i ddim yn gallu!
Dim problem, Mari - tyrd i lawr.
Mari druan - ofn buwch, ofn ysbryd, ofn dringo wal!
Wyt ti eisiau mynd i'r dŵr oer yna eto, Tom?
Hei, Mari, mae Miss Lloyd eisiau help yn y siop.

Roedd llawer o blant yn y siop.
Dyma ti, Emma - potelaid o bop, paced o fints a bar o siocled.
Faint ydy o?
£1.10 ceiniog - diolch, a dyma 90c o newid.
5 cerdyn post, 5 stamp, 3 bar o siocled mawr a 7 paced o greision. Brysia, Bo-Pîp!
Dim problem. £4.75, plîs.
Rwyt ti'n dda iawn yn y siop, Mari - merch fusnes ardderchog!

Dydd Iau, Mai 10. Brecwast ych a fi!–wy meddal a tôst oer. Wedyn, roedd pawb yn rhwyfo ar y llyn. Waw, roedd hi'n wyntog! Syrthiodd Tom i'r dŵr. Roedd o'n mega socian–row iawn eto (hi, hi, hi!) Trio dringo'r wal fawr–dw i'n anobeithiol OND dw i'n dda iawn yn y siop. Merch fusnes ardderchog meddai Miss Lloyd. Dw i'n hoffi Miss Lloyd ac mae Mr Williams yn O.K. hefyd.
Stopia sgrifennu, Mari. Edrych, dim wy meddal a tôst heno.
Waw, creision, pop, bisgedi siocled...
Sh-sh, mae rhywun wrth y drws!

Golau allan, ferched. Ewch i gysgu!
Nos da, Miss Lloyd.
Nos da, Miss Lloyd.
Dydy'r Ladi Ddu ddim yn hoffi bisgedi siocled!

Roedd hi'n amser cinio ac roedd pawb eisiau bwyd.

Dere,
Mari - un cam
arall!
Dw i wedi dringo'r
wal.
Dw i wedi dringo'r
wal I'R TOP!
Hwrê, Spider
Woman!

Roedd yr haul allan erbyn hyn ac roedd pawb yn mynd i rafftio ar yr afon.

DYDD GWENER, MAI 11

Dw i wedi dringo'r wal i'r top. Bril! Tom yn dweud 'Helo, Spider Woman' trwy'r amser. Mae o'n O.K. nawr. Y bwyd yn dda hefyd - sglodion ardderchog! Roedd y rafftio'n ffantastig. Am hwyl! - yr haul allan hefyd. Dw i'n hoffi'r gwersyll yma.